Thèse

POUR LA LICENCE.

A mon Père,

Amour et Reconnaissance.

Aux manes de la plus tendre des Mères,

Eternels Regrets.

Faculté de Droit de Toulouse.

ACTE PUBLIC
POUR LA LICENCE,

En exécution de l'art. 4, tit. 2, de la loi du 22 ventôse, an 12.

SOUTENU PAR

M. Boyer (Marie-Philippe),

Né à Alby, (Tarn).

> La sagesse du législateur a été obligée de faire le même progrès que la malice de l'homme, afin que chaque mal trouvât son remède, chaque fraude sa précaution, et chaque crime sa peine.
>
> D'AGUESSEAUX, 13e Marc, *sur la science du magistrat.*

JUS ROMANUM.

INST. LIB. II, TIT. I. — *De rerum divisione.*

Postquàm de personis tractavit Justinianus, indicat rerum divisionem. Præcipua rerum divisio versatur circà res communes, publicas, universitatis, singulorum, nullius et sanctas.

Res *communes* sunt illæ, quarum usus cuilibet homini, cuilibet genti natura patet; veluti aer, aqua profluens, mares, et propter mare littora maris. *Littus maris* est quatenùs hibernus fluctus maximus excurrit.

Res *publicæ* sunt illæ, quarum proprietas ad populum pertinet, usus verò ad singulos à populo. Sic flumina, jus navigandi et piscandi, riparum usus, (non ripa ipsa) et portus publica sunt, ususque eorum omnibus permittitur. Ità tamen extraneis legitimè prohiberi possunt.

Res *universitatis* dicuntur, qùæ in civitatibus sunt et non ad gentem ipsam sed ad partem quamdam hujus gentis pertinent; ut stadia, theatra.

Per *singulorum* res, eas intelligimus, quarum dominium unusquisque sibi soli vindicat.

Res *nullius* duplici modo accipiuntur; quidquid privata proprietas fieri potest, si ab aliquo nondùm occupatum fuerit, vel jam occupatum et posteà à domino derelictum, *nullius* est. Item *nullius* est quod fuerit privatum, sed deinceps ab hominum commercio exemptum; velut res sacræ, religiosæ. Vocabantur *sacræ*, quæ ritè per pontifices Deo dicatæ erant, ut ædes sacræ et donaria; *religiosæ*, quæ diis manibus relictæ erant.

Deniquè res *sanctæ* antiquitùs et novissimè muros et portas civitatis continent. Talis est divisio rerum ab imperatore divo Justiniano nobis tradita.

CODE CIVIL.

Liv. ii, Tit. ii, Chap. iv. — *Des donations entre vifs.*

[Sect. i. — *De la forme des donations entre vifs.*

§ I. *Des règles sur les conditions extrinsèques de la donation.*

Ces règles sont relatives à l'authenticité de l'acte et à sa publicité.

1° L'acte portant donation doit être passé devant notaire, dans la forme ordinaire des contrats, et il doit en rester minute.

2° Lorsque la donation est de biens successibles d'hypothèques, elle doit être transcrite, ainsi que l'acceptation si elle est postérieure et la notification qui en est faite. La transcription a lieu au bureau des hypothèques, dans l'arrondissement duquel les biens sont situés. Elle est faite à la diligence du donataire ou des personnes désignées dans l'art. 490, sans que le donataire puisse être relevé du défaut de transcription, lorsque ces personnes auront négligé de la faire. Ce défaut de transcription peut être opposé par toute personne ayant intérêt, sauf par le donateur, les personnes chargées de faire la transcription, ou leurs ayant cause.

§ II. — *Des Règles sur les conditions intrinsèques de la Donation.*

D'après la définition de la donation et l'idée de bienfaisance qu'elle entraîne avec elle; il s'ensuit que cette disposition ne peut exister sans trois conditions, qui lui sont intrinsèques : 1° elle doit être gratuite; 2° entraîner un dépouillement actuel et irrévocable; 3° être acceptée par le donataire.

I. *Gratuite.* — Le donateur peut cependant imposer au donataire certaines charges. Alors il n'y a donation que pour l'excédant et on l'appelle *mixte*. La donation peut encore être mutuelle.

II. *Dépouillement actuel et irrévocable.* — De là la nullité des donations, dont parlent les art. 943, 944, 945, 948. De là encore la disposition de l'art. 946, qui attribue aux héritiers du donateur l'effet, compris dans la donation, [dont le donateur se serait réservé la liberté de disposer, et qui se trouverait dans sa succession. Toufois il est permis au donateur de se réserver l'usufruit des biens qu'il donne.

L'irrévocabilité de la donation n'empêche pas que le donateur ne puisse ajouter à la donation une condition suspensive ou résolutive.

III. — La donation doit être acceptée par le donataire. La donation est un contrat; or, un contrat exige le consentement des deux parties. — L'acceptation doit être expresse; un fondé de pouvoir peut la donner. Elle peut être faite dans l'acte de donation ou par acte postérieur. Mais, dans ce dernier cas, elle n'a d'effet, à l'égard du donateur, qu'à dater du jour de la notification qui lui en est faite. Il faut Toutefois qu'elle soit donnée du vivant du donateur. Si la donation était adressée à un mineur, à un interdit, à une femme mariée, à un sourd-muet, qui ne sût pas écrire, elle devrait être acceptée par les personnes nommées dans l'article qui traite des incapacités absolues. — La donation, ainsi acceptée, est parfaite par le seul consentement des parties.

Section 2e. — *Des Exceptions à la règle d'irrévocabilité des Donations.*

Le principe de l'irrévocabilité des donations, modifié déjà par le retour légal et le retour conventionnel, fléchit encore devant des considérations, qui ont paru au législateur assez graves pour opérer leur révocation.

Ainsi, lorsque des conditions (autres que celles des articles 900 et 944), auront été imposées au donataire, leur événement ou leur inexécution de la part de ce dernier, autoriseront le donateur à demander la révocation de sa donation, et à reprendre ses biens, affranchis de toutes hypothèques et aliénations de la part du donataire.

Elle pourra donc être révoquée encore, suivant et dans les temps voulus par l'article 957, si le donataire, autre que celui qui l'est en faveur de mariage, s'est rendu coupable envers le donateur de quelque ingratitude, qui ait le caractère de celles mentionnées et limitées dans l'article 955. Mais comme les tiers, qui ont traité avec le donataire, n'ont pu prévoir cette ingratitude, leurs droits sur les biens *donnés* subsisteront toujours, sauf le recours de l'auteur de la libéralité, contre celui qui en était l'objet.

Ainsi, enfin *toute donation*, autre que celle de l'ascendant aux conjoints, ou des conjoints entre eux, *sera révoquée de plein droit*, par la survenance d'un enfant légitime ou légitimé du donateur, sans que cette donation, ainsi révoquée, puisse jamais revivre de quelque manière et par quelque acte que ce soit, si ce n'est par une disposition nouvelle, ou par la détention trentenaire des biens, qui rentrent dans le patrimoine du donateur, libres de toutes charges, même de *l'hypothèque* légale de la femme du donataire.

CHAPITRE V.

Des Dispositions testamentaires.

Sect. 1re. — *Des Règles générales sur la forme des testamens.*

Le Code reconnaît trois formes de testamens, qui ne sont assujettis à aucune dénomination particulière, et que toute personne, *d'ailleurs capable de disposer*, peut employer pourvu que chacun d'eux n'exprime pas plus d'une volonté.

Trois conditions suffisent à la validité du testament olographe : qu'il soit *écrit en entier*, *daté et signé* de la main du testateur; peu importeront ensuite les interlignes, ratures ou renvois, les mots écrits d'une main étrangère, pourvu qu'ils ne fassent point partie du corps de l'acte; la nature du papier, la place de la date, qui doit être celle du jour, du mois et de l'an, et précéder dans tous les cas la signature.

L'importance, la solennité du testament par acte public, peut-être même la crainte qu'a eue le législateur, que ces sortes de libéralités ne fussent trop légèrement faites au préjudice des héritiers, expliquent les nombreuses formalités nécessaires à sa perfection, et prescrites à peine de nullité par l'article 1001. Ainsi, si le testament est reçu par *deux notaires*, il *leur* est dicté par le testateur, et doit être écrit par *l'un d'eux, tel qu'il est dicté;* s'il n'est reçu que par *un notaire*, il doit également être *dicté* par le testateur et *écrit par le notaire*. La loi exige une mention expresse de toutes ces formalités ; d'où la conséquence que, si l'acte avait été reçu par deux notaires, et ne mentionnait pas qu'il *leur* a été dicté par le testateur à tous les deux, sa validité pourrait être critiquée, ce qui n'aurait pas lieu dans le cas où, n'y ayant qu'un seul notaire, l'acte porterait seulement qu'il a été dicté par le testateur, sans dire qu'il a été dicté *à lui, notaire*. Bien entendu que la mention de l'écriture est toujours indispensable, alors même qu'il n'y aurait pas de doute sur la vérité du fait. Après la lecture du testament, faite au testateur, en présence de deux ou de quatre témoins, selon que deux notaires ou un seul concourent à sa réception (et il doit être fait mention expresse de tout cela à peine de nullité); le testateur signe ou *déclare expressément* la cause qui l'en empêche. Les notaires et les témoins signent aussi sauf l'exception, quant à ces derniers, de l'article 974. Au reste, la loi du 25 ventôse an XI, étant applicable aux testamens, toutes les fois qu'il n'y est pas dérogé par le Code, ainsi que l'a jugé la Cour de cassation; il faut reconnaître, tout en combinant ses dispositions avec celles du Code, qu'il y aura nullité, lorsque quelqu'une d'elles aura été violée en raison de la capacité des notaires, des témoins ou de toute autre formalité.

La troisième espèce de testament, est le testament mystique ou secret; le code, dans les articles 976, 977, 978, 979, énumère les conditions nécessaires à sa formation, et l'omission de la plupart d'entr'elles en emporte la nullité.

Sect. II. — *Des règles particulières sur la forme de certains testamens.*

Ces testamens sont les testamens militaires, ceux faits en temps de peste ou de toute autre maladie contagieuse, ceux faits dans le cours d'un voyage maritime, et enfin, les testamens faits en pays étranger.

Nous n'avons rien à ajouter aux dispositions du code, qui sont suffisamment claires à cet égard. Nous observerons seulement que, d'après l'article 1001, les formalités auxquelles ces testamens sont assujettis, *doivent être observées*, à peine de nullité.

Sect. III. — *Des institutions d'héritier et des legs en général.*

Après avoir posé les règles relatives aux formes des testamens, il est naturel que le législateur passe aux principes, qui en régissent le fond. Peu importe aujourd'hui la dénomination sous laquelle le testateur aura disposé. Toujours est-il vrai que les dispositions sortiront à effet, suivant les règles ci-après établies pour les legs universels, à titre universel, et pour les legs particuliers; occupons-nous successivement de chacun de ces cas.

Sect. IV. — *Du legs universel.*

Le legs universel est la disposition par laquelle le testateur donne à un ou à plusieurs *conjointement* l'universalité des biens disponibles qu'il laissera à son décès. Nous disons *conjointement*, car il n'y aurait pas ce caractère d'universalité, si *tous* les biens légués l'étaient séparément. Comme aussi le legs n'en est pas moins universel, malgré le concours des réservataires dans la succession, ce qui justifie l'épithète *disponible*, ajoutée à la définition qu'en donne la loi.

Si à l'ouverture de la succession, il n'y a pas d'héritiers en réserve, auxquels le légataire universel serait tenu de demander la délivrance de son legs, il sera saisi de plein droit des biens délaissés, ce qui ne le dispensera pas de se conformer aux articles 1007 et 1008, si le testament est olographe ou mystique. Comme aussi sa qualité de légataire universel l'assimilant à l'héritier légitime, la loi le déclare tenu des dettes de la succession *ultrà vires hæreditatis*, ce qu'il est plus difficile d'admettre pour le paiement des legs, qu'il doit d'ailleurs exclusivement acquitter, et dont il profite par droit d'accroissement.

Sect. V. — *Du legs à titre universel.*

La lecture de l'article 1010 donne du legs à titre universel applicable à l'usufruit comme à la propriété, une définition aussi juste que complète. A la différence du légataire universel, celui qui ne l'est qu'à titre universel, n'est jamais saisi de plein droit à la succession, et il doit demander la délivrance de son legs à celui qui en a été investi (art. 1011) A son défaut, c'est contre un curateur, qu'il fait nommer, que sa demande doit être exercée (art. 811 et suivans cod. civ.). Une fois la délivrance du legs opérée, l'acceptation est parfaite et rend le légataire, à titre universel, passible des dettes de la succession et du paiement des legs, par contribution avec les héritiers naturels.

Sect. VI. — *Des legs particuliers.*

Quoique le légataire particulier ait un droit acquis sur la chose léguée du jour du décès du testateur, la loi n'a point voulu qu'il eût droit aux fruits ou intérêts de cette chose, avant le jour de la délivrance demandée, ou volontairement consentie, sauf toutefois les exceptions que mentionne l'article 1015.

En principe, le légataire particulier ne succédant qu'aux biens, n'est pas tenu des dettes de la succession, et jouit en outre de la faveur éminente d'être payé de préférence à tout autre légataire. Cependant, si l'immeuble légué est grevé d'une charge quelconque, le débiteur du legs ne pourra pas être contraint à l'en dégager, à moins que le testateur ne l'y ait expressément obligé; et comme les créanciers suivent l'immeuble en quelque main qu'il passe, ils pourront poursuivre l'action hypothécaire contre le légataire tiers-détenteur, sauf le recours de celui-ci, qui, aux termes de l'article 874, demeurera subrogé à leurs droits et priviléges, s'il les indemnise.

Le code déclare nul le legs de la chose d'autrui. Il n'est pas très-facile de décider s'il doit en être de même du legs de la chose de l'héritier : on admet cependant qu'un legs de cette nature ne sera valable, qu'autant qu'on pourra le considérer comme une condition, imposée par le testateur à l'héritier.

CODE DE PROCÉDURE.

Liv. ii, Tit. vi. — *Des délibérés et instructions par écrit.*

Le but de la procédure est d'instruire le juge de la demande qui est portée devant lui et des moyens à l'aide desquels on prétend la repousser. — On connaît trois genres d'instruction pour mettre le juge à même de prononcer; les plaidoiries, les délibérés et les instructions par écrit.

1° Les causes ordinaires, dont les faits peu compliqués peuvent être saisis sur le champ, sont jugées sur plaidoiries (art. 116).

2° Il y a lieu au délibéré avec nomination d'un rapporteur, lorsque la cause est trop compliquée pour pouvoir être saisie et jugée de suite à l'audience. L'article 93 de notre code règle ce qui doit être fait en pareil cas. — Le jugement qui ordonne le délibéré doit être exécuté sans signification ni sommation. Si l'une des parties ne remet pas ses pièces, la cause sera jugée sur celles de l'autre (art. 94).

3° Les difficultés, dont une contestation se compose, sont la véritable cause de l'instruction par écrit, autorisée par l'article 95. Le jugement qui ordonne cette instruction doit être rendu à l'audience, à la pluralité des voix, et indiquer le juge chargé du rapport. Si ce juge décide, se démet ou ne peut faire son rapport, il doit en être commis un autre (art. 110). — Le jugement, qui met une cause en rapport, doit être signifié (art. 96). — Les parties consignent leurs défenses dans des requêtes instructives et respectivement signifiées, auxquelles sont jointes les pièces au soutien, et qui sont communiquées par la voie du greffe. Les délais et les formes pour ces actes sont réglés par les art. 96, 97, 102, 103, 106 et 108 de notre Code. Si l'une des parties n'a pas produit dans le délai légal, le procès doit être jugé sur les pièces remises au greffe. Ce jugement, appelé jugement de *forclusion*, n'est pas susceptible d'opposition (art. 98, 99, 100, 101, 113). Si aucune des parties n'a produit, il convient de les mettre hors de cause. — Si les avoués ne rétablissent pas la production par eux prise en communication dans le délai voulu par la loi, ils peuvent être condamnés à des dommages-intérêts et quelquefois même à l'interdiction (art. 107). — Lorsque les productions auront été faites et communiquées, la partie la plus diligente obligera, sur sa réquisition, le greffier à remettre les pièces au rapporteur (art. 109). — Le rapport doit être fait publiquement à l'audience. Les parties et leurs défenseurs peuvent donc y assister, mais seulement d'une manière passive. Le rapporteur résumera les moyens sans faire connaître son avis. Malgré le silence de la loi à cet égard, les rapports doivent être publiquement annoncés. S'il n'y a pas eu publicité pour le rapport, le jugement qui s'ensuit est nul ; et suivant ce principe, les conclusions du ministère public doivent être verbales (art. 111, 112). — Après le jugement, le rapporteur remettra les pièces au greffe ; le greffier les remettra aux avoués, et le rapporteur et le greffier en seront déchargés, en remplissant les formalités voulues par les articles 114 et 115.

Du reste, aux termes de l'article 2276 du Code civil, le rapporteur et les avoués sont dans tous les cas déchargés des pièces cinq ans après le jugement du procès. D'où l'on doit conclure qu'ils sont responsables de ces pièces pendant trente ans, lorsque le procès n'a pas été jugé.

CODE DE COMMERCE.

Liv. 1er, Tit. ii. — *Des livres de Commerce.*

Les commerçans puisent dans leurs livres des droits les uns contre les autres ; aussi « la conscience du commerçant, a dit
» l'orateur du gouvernement, doit être toute entière dans ces livres,
» c'est là que la conscience du juge doit être sûre de la trouver tou-
» jours. On a donc exigé beaucoup de la part du négociant sur ce
» point essentiel ».

Les commerçans sont tenus d'avoir trois livres : le livre-journal, le livre des copies des lettres, et le livre des inventaires. Tous ces livres doivent être cotés, paraphés et visés sans frais, soit par l'un des juges du tribunal de commerce, soit par le maire de la commune ou son adjoint. Le livre des copies des lettres n'est pas sujet à cette formalité. — Ces livres doivent être tenus par ordre de dates, sans blancs, sans lacunes, sans rapport en marge. Les commerçans sont tenus de les conserver pendant dix ans. — L'article 587 dispose qu'en cas de faillite, celui qui présente des livres, régulièrement tenus, pourra être poursuivi comme banqueroutier simple; et l'article 594, qu'en cas de faillite, celui qui n'a pas tenu des livres, pourra être poursuivi comme banqueroutier frauduleux.

La communication peut toujours être ordonnée en justice, en matière de succession, communauté, société, etc. Dans tout autre cas, la représentation ne peut être exigée, que pour en extraire l'objet du différend (art. 8, 17).

Tit. iv. — *Des séparations de biens et conventions matrimoniales.*

Les époux peuvent se marier sous trois régimes : sous le régime de la communauté, sous le régime dotal et sous le régime exclusif de la communauté. — Le Code de commerce s'occupe spécialement des cas où les époux sont séparés de biens; parce que l'expérience prouve que les séparations offraient aux époux des moyens faciles de spolier les créanciers. La loi prévient les fraudes, en frappant de nullité toute séparation volontaire que les époux voudraient se permettre. — La demande en séparation doit être portée en justice par la femme, dont la dot est mise en péril; la séparation est rendue publique par l'affiche et l'inscription aux journaux; le jugement doit l'être aussi. — Alors les créanciers n'ont plus qu'à surveiller leurs droits, et par une intervention d'instance, ou par une opposition envers le jugement, il leur est facile d'attaquer la demande en elle-même, ou de la faire réduire, si elle est reconnue exagérée.

Le législateur exige impérieusement la publicité du contrat de mariage; il l'impose même à celui qui, étant marié, voudrait faire ensuite le commerce, sous peine, en cas de faillite, d'être poursuivi comme banqueroutier frauduleux. — La remise des extraits au greffe et aux chambres, doit être faite par le notaire qui a reçu le contrat de mariage, sous peine d'amende (art. 65 et 70).

Cette thèse sera soutenue le 15 mai 1835, à 10 heures du matin.

Vu par le Président de la Thèse,

LAURENS.

Toulouse, Imprimerie de Marie ESCUDIER, Rue Saint-Rome, n° 26.

www.ingramcontent.com/pod-product-compliance
Lightning Source LLC
Chambersburg PA
CBHW061619040426
42450CB00010B/2569